Haïkus dans l'Automne

EQUINOXE

Lydia MONTIGNY

EQUINOXE

Mentions légales

© 2021 Lydia MONTIGNY

Édition : BoD-Books on Demand
12-14 rond-point des Champs-Élysées, 75008 Paris
Impression: BoD – Books on Demand, Norderstedt, Allemagne

ISBN : 978-2-3223-9478-4
Dépôt légal : Novembre 2021

Naissance d'un jour

Rire de l'éternité

Aimer sans limite

Une goutte d'air

Sur la plume d'un cygne-

Ballet aérien

Douceur de l'été

S'étourdissant de saveurs-

La fleur de figuier

Brame de la forêt

Dans l'écho de l'automne

Rut des rainettes

Un escargot glisse

Sur un tapis de feuilles

Rue du 7ème art

Ruisseaux d'automne

Les tourbillons colorés

Courent en riant

Flotter sur un lac

Au milieu de mille soleils

Bulle de carpe koï

Carnaval de feuilles

L'automne se déguise

Lueur orangée

Quitter l'horizon

Trembler dans le son vermeil

Du vent d'automne

Compter les moutons

Précision de métronome-

Le berger s'endort

Journée de paresse

Regarder une averse

Arroser les fleurs

Matin de brouillard

Tissant la toile d'automne

Silence immobile

Marcher dans le ciel

Pour comprendre le Soleil

La brume des rêves

Un sorbet avec

Des petits morceaux dedans

Saveur de la Vie

Chercher son chemin

Traverser la voie lactée

La rose des vents

Rêver sous la pluie

Aimer les perles d'eau vive

Rivière de diamants

Moissonner l'été

Que le soleil égraine –

Double mosaïque

Mots éclaboussant

L'essence de l'Univers-

L'espace des vies

Des nénuphars mauves

S'étalent sur le lac vert

L'hirondelle glisse

Boules blondes au champ

Hiver dans les étables

Mégalithes de paille

L'été s'éclipse

Sous les feuilles mordorées

Parfum d'orange

Smoking noir et blanc

Traversant les océans

Hirondelle d'automne

Naissance d'un poème

Murmurer les rimes futures

Ecouter le vent

Soupir de l'été

Déshabiller les arbres

Eteindre le jour

Tambour chamane

Harmonie des mondes

Ecoute le cœur

Dans le ciel d'automne

Paréo de vent tiède

Jardin endormi

Journée parfaite

Réaliser l'absolu

Aimer simplement

Attente furtive

Sur une horloge arrêtée

Voler la lune

Pensée artistique

S'immerger dans les couleurs

Ecrire noir sur blanc

Sourire d'un jour

Papillon sur une feuille

Espérant l'automne

Jouer à la marelle

Sauter d'un chiffre à l'autre

Atteindre le ciel

Brume sur la mer

Un paréo sur un fil

Le bateau à voile

Faire sa ronde

Quelques milliards de secondes

Une révolution

Glisser doucement

Entre les feuilles de lumière

Le livre d'Automne

Faire un petit rêve

Au milieu de l'univers

Le dé à coudre

Les mots affamés

Ont dévoré les lignes

La page blanche

Faire des gammes

Donner la vie au bonheur-

Couleur musicale

Jour de confiance-

S'assoupir tranquillement

Sous un cocotier

Attendre et écrire

Aventure de l'encre

Ecrire et attendre

Journée en enfance

Vivre l'instant par instinct

Survivre au futur

Festival automnal

Feuilles gorgées de soleil

Sur le sol tiède

Jour emmitouflé

Vent glacé collé sur les vitres

Souffler sur la braise

Automne cuivré

Frisson des feuilles d'érable

Evanouissement

Aria de nuit

Jette une poignée de notes

Rire des étoiles

Festin au jardin

L'oiseau s'envole sans bruit

Le chat endormi

Souvenir d'enfance

Douceur irrésistible

Caramel fondant

Dans la peine ombre

Un chemin sous les feuilles

Cherche sa boussole

Effeuillage roux

Dans l'automne encore tiède

Ecureuil soufflé

Inventer des mots

Naître sur une page

Vivre dans ta main

Ignorer le temps

Cloche mélancolique

Oreiller douillet

Frisson d'automne

Sur la grisaille morose

L'ours polaire

Sur les feuilles rousses

Ramasser les châtaignes

Hérisson surpris

Ecrire des mots

Lire entre chaque ligne

Sagesse cruelle

Danser sur un lac

Mélancolie gracieuse

Plume d'écrivain

Relever son col

Marcher dans l'air humide

Silencieusement

Soirée d'automne

Ruisselant sur les vitres

Les marrons glacés

Chant d'ataraxie

Eglise opalescente

Lumière des lys

Broder des rimes

Sur les lignes de la vie

Cœurs entrelacés

Lenteur du matin

Etirement des ombres

Fracas d'une noix

Journée étourdie

Parler à une horloge-

Mais de temps en temps

Lire dans le silence

Des histoires sans paroles

Eclats de rires

Au pays de sombres

Glisser entre les étoiles

Lueurs dans les yeux

Désirer l'instant

L'éternité du bonheur

Effacer le temps

Tourner dans le soir

Le rocher blanc des pensées

Force d'un café

Une pluie d'automne

Après le gris du ciel

Le bleu des regrets

Dans le ciel léger

Des papillons floconnent

Blanc cristallisé

Ligne orpheline

Faire une parenthèse

Pour une accolade

Faire sécher ses rêves

Sur les cordes d'un violon

Pégase musicien

Un rouge passion

Dans le glacial hiver blanc

Regard de braise

Laver la campagne

D'un été vert et paille

Flammes d'automne

Vertige automnal

Un tourbillon mordoré

Bruisse dans les bois

Regarder la lune

Parfum de mandarine

Feu de bois cannelle

Errer dans la brume

En sifflotant Vivaldi

Rouge-gorge ému

En haut du sapin

Une araignée tricote

De fil en aiguille

Défilé d'automne

Silhouettes végétales

Sur un tapis rouge

Un rat à l'arrêt

Fixant une gouttière-

Le chat n'est pas loin

Une étincelle

Invente un coup de foudre

Pour un ciel de glace

Entendre la cloche

Village dans le brouillard

Les genoux au sol

Livres précédents (BoD)

* Dans le Vent (VII 2017)
* Ecrits en Amont (VIII 2017)
* Jeux de Mots (VIII 2017)
* Etoile de la Passion (VIII 2017)
* As de Cœur (XI 2017)
* Pensées Eparses et Parsemées (XI 2017)
* Le Sablier d'Or (XI 2017)
* Rêveries ou Vérités (I 2018)
* Couleurs de l'Infini (II 2018)
* Exquis Salmigondis (V 2018)
* Lettres Simples de l'être simple (VI 2018)
* A l'encre d'Or sur la Nuit (X 2018)
* A la Mer, à la Vie (XI 2018)
* Le Cœur en filigrane (XII 2018)
* Le Silence des Mots (III 2019)
* La Musique Mot à Mot (IV 2019)
* Les 5 éléments (V 2019)
* Univers et Poésies (VIII 2019)
* Les Petits Mots (X 2019)
* Au Jardin des Couleurs (XI 2019)
* 2020 (XII 2019)
* Nous... Les Autres (X 2020)
* Ombre de soie (III 2020)
* Les Jeux de l'Art (IV 2020)
* Harmonie (VI 2020)
* La source de l'Amour (VIII 2020)
* Au pays des clowns (X 2020)
* 365 (XI 2020)
* L'Amour écrit... (XII 2020)
* Haïkus du Colibri (II 2021)
* Le Bonzaï d'Haïkus (IV 2021)
* Blue Haïku (V 2021)
* Avoir ou ne pas Avoir (VII 2021)
* Haïkus du Soleil (VIII2021)